ACTEURS.

HERMIANNE.
LE PRINCE.
MESROU.
CARISE.
EGLE'.
AZOR.
ADINE.
MESRIN.
MESLIS.
DINA.
LA SUITE DU PRINCE.

La Scéne est à la Campagne.

LA DISPUTE,
COMEDIE.

SCENE PREMIERE.
HERMIANNE, LE PRINCE.
HERMIANNE.

OU allons nous, Seigneur, voici le lieu du monde le plus sauvage, & le plus solitaire, & rien n'y annonce la fête que vous m'avez promise.

LE PRINCE, *en riant.*

Tout y est prêt.

HERMIANNE.

Je n'y comprens rien ; qu'est que c'est que cette maison, où vous me

LA DISPUTE,
COMEDIE.
EN PROSE EN UN ACTE.

Par M. DE M..... ^{arivaux}

Répresentée par les Comédiens François.

Le Prix est de Vingt-quatre sols.

A PARIS,

Chez JACQUES CLOUSIER.

rue S. Jacques, à l'Ecu de France.

COMEDIE.

EN PROSE EN UN ACTE.

Par M. De M.^{arivaux}

Répresentée par les Comédiens François.

Le Prix est de Vingt-quatre sols.

A PARIS,

Chez JACQUES CLOUSIER.
rue S. Jacques, à l'Ecu de France,

M. DCC. XLVII.

faites entrer, & qui forme un édifice si singulier, que signifie la hauteur prodigieuse des differens murs qui l'environnent : où me menez-vous ?

LE PRINCE.

A un spectacle très-curieux ; vous sçavez la question que nous agitâmes hier au soir. Vous souteniez contre toute ma Cour, que ce n'étoit pas votre sexe, mais le nôtre, qui avoit le premier donné l'exemple de l'inconstance & de l'infidelité en amour.

HERMIANNE.

Oui, Seigneur, je le soutiens encore. La premiere inconstance ou la premiere infidelité n'a pû commencer que par quelqu'un d'assez hardi pour ne rougir de rien. Oh ? comment veut-on que les femmes avec la pudeur, & la timidité naturelle quelles avoient, & qu'elles ont encore depuis que le monde & sa corruption durent, comment veut-on qu'elles soient tombées les premieres dans des vices de cœur qui demandent autant d'audace, autant de libertinage de sentiment, autant d'effronterie que ceux dont nous parlons cela n'est pas croyable.

COMEDIE.

LE PRINCE.

Eh sans doute, Hermianne, je n'y trouve pas plus d'apparence que vous, ce n'est pas moi qu'il faut combattre la dessus, je suis de votre sentiment contre tout le monde, vous le sçavez.

HERMIANNE.

Oui, vous en êtes par pure galanterie, je l'ai bien remarqué.

LE PRINCE.

Si c'est par galanterie, je ne m'en doute pas. Il est vrai que je vous aime, & que mon extrême envie de vous plaire, peut fort bien me persuader que vous avez raison, mais ce qui est de certain, c'est qu'elle me le persuade si finement que je ne m'en apperçois pas. Je n'estime point le cœur des hommes, & je vous l'abandonne, je le crois sans comparaison plus sujet à l'inconstance & à l'infidelité que celui des femmes, je n'en excepte que le mien, à qui même je ne ferois pas cet honneur-là si j'en aimois une autre que vous.

HERMIANNE.

Ce discours-là sent bien l'ironie.

LE PRINCE.

J'en ferai donc bien-tôt puni, car je vais vous donner dequoi me confondre; si je ne pense pas comme vous.

HERMIANNE.

Que voulez-vous dire?

LE PRINCE.

Oui, c'est la nature elle-même que nous allons interroger, il n'y a qu'elle qui puisse décider la question sans replique, & surement elle prononcera en votre faveur.

HERMIANNE.

Expliquez-vous, je ne vous entends point:

LE PRINCE.

Pour bien sçavoir si la premiere inconstance où la premiere infidelité est venue d'un homme, comme vous le prétendez; & moi aussi, il faudroit avoir assisté au commencement du monde & de la société.

HERMIANNE.

Sans doute, mais nous n'y étions pas.

LE PRINCE.

Nous allons y être, oui les hommes & les femmes de ce tems-là, le monde & ses premiers amours vont reparoître à nos

COMEDIE. 7

yeux tels qu'ils étoient, ou du moins tels qu'ils ont dûs être, ce ne seront peut-être pas les mêmes avantures, mais ce seront les mêmes caracteres; vous allez voir le même état de cœur, des ames toutes aussi neuves que les premieres, encore plus neuves s'il est possible. *à Carise & à Mesrou.* Carise, & vous Mesrou, partez, & quand il sera tems que nous nous retirions, faites le signal dont nous sommes convenus. *à sa suite.* Et vous qu'on nous laisse.

SCENE II.
HERMIANNE, LE PRINCE.

HERMIANNE.

Vous excitez ma curiosité, je l'avoue.

LE PRINCE.

Voici le fait, il y a dix-huit ou dix-neuf ans que la dispute d'aujourd'hui s'éleva à la Cour de mon pere, s'échauffa beaucoup & dura très-long-tems. Mon pere naturellement assez Philosophe, & qui n'étoit pas de votre sentiment, résolut de sçavoir à quoi s'en tenir, par une épreuve qui ne laissa rien

A iij

à désirer. Quatre enfans au berceau, deux de votre sexe & deux du notre furent portez dans la Forêt où il avoit fait bâtir cette maison exprès pour eux, où chacun d'eux fut logé à part, & où actuellement même il occupe un terrein dont il n'est jamais sorti, de sorte qu'ils ne se sont jamais vûs. Ils ne connoissent encore que Mesrou & sa Sœur qui les ont élevez, qui ont toujours eu soin d'eux, & qui furent choisis de la couleur dont ils sont, afin que leurs éleves en fussent plus étonnez quand ils verroient d'autres hommes, on va donc pour la premiere fois leur laisser la liberté de sortir de leur enceinte & de se connoître; on leur a appris la langue que nous parlons, on peut regarder le commerce qu'ils vont avoir ensemble, comme le premier âge du monde ; les premieres amours vont recommencer, nous verrons ce qui en arrivera.

Ici on entend un bruit de Trompettes.

Mais hâtons nous de nous retirer, j'entends le signal qui nous en avertit, nos jeunes gens vont paroître ; voici une Gallerie qui regne tout le long de l'édifice, & d'où nous pourrons les voir & les écouter, de quelque côté qu'ils sortent de chez eux. Partons.

SCENE III.
CARISE, EGLE'.

CARISE.

Venez Eglé, suivez-moi ; voici de nouvelles terres que vous n'avez jamais vûës, & que vous pouvez parcourir en sûreté.

EGLE'.

Que vois-je, quelle quantité de nouveaux mondes.

CARISE.

C'est toujours le même, mais vous n'en connoissez pas toute l'étendue.

EGLE'.

Que de pays, que d'habitations, il me semble que je ne suis plus rien dans un si grand espace, cela me fait plaisir & peur. *Elle regarde & s'arrête à un ruisseau.* Qu'est-ce que c'est que cette eau que je vois & qui roule à terre ? Je n'ai rien vû de semblable à cela dans le monde d'où je sors.

CARISE.

Vous avez raison, & c'est ce qu'on appelle un ruisseau.

EGLE, regardant.

Ah! Carise, approchez, venez voir, il y a quelque chose qui habite dans le ruisseau qui est fait comme une personne, & elle paroît aussi étonnée de moi que je le suis d'elle.

CARISE riant.

Eh non, c'est vous que vous y voyez, tous les ruisseaux font cet effet-là.

EGLE'.

Quoi, c'est-là moi c'est mon visage.

CARISE.

Sans doute.

EGLE'.

Mais sçavez-vous bien que cela est très-beau, que cela fait un objet charmant. Quel dommage de ne l'avoir pas sçu plûtôt.

CARISE.

Il est vrai que vous êtes belle.

EGLE'.

Comment belle, admirable; cette découverte là m'enchante. *Elle se regarde encore.* Le ruisseau fait toutes mes mines

COMEDIE.

& toutes me plaisent. Vous devez avoir eu bien du plaisir à me regarder Mesrou & vous. Je passerois ma vie à me contempler; que je vais m'aimer à présent.

CARISE.

Promenez-vous à votre aise, je vous laisse pour rentrer dans votre habitation où j'ai quelque chose à faire.

EGLE'.

Allez, allez, je ne m'ennuierai pas avec le ruisseau.

SCENE IV.

EGLE' *un instant seule*, AZOR *paroît vis-à vis d'elle.*

EGLE *continuant, & se tâtant le visage.* Je ne me lasse point de moi, *& puis appercevant Azor avec frayeur*, qu'est-ce que c'est que cela, une personne comme moi.... N'approchez point.

AZOR. *étendant les bras d'admiration & souriant.*

EGLE', *continue.*

La personne rit, on diroit qu'elle m'admire.

AZOR, *fait un pas.*
EGLÉ.

Attendez... Ses regards sont pourtant bien doux... Sçavez-vous parler.

AZOR.

Le plaisir de vous voir m'a d'abord ôté la parole.

EGLÉ. *gayement.*

La personne m'entend, me répond, & si agréablement.

AZOR.

Vous me ravissez.

EGLÉ.

Tant mieux.

AZOR.

Vous m'enchantez.

EGLÉ.

Vous me plaisez aussi.

AZOR.

Pourquoi donc me deffendez vous a avancer.

EGLÉ.

Je ne le vous deffends plus de bon cœur.

AZOR.

Je vais donc approcher.

EGLÉ.

J'en ai bien envie. *il avance.* Arrêtez un peu... que je suis émue.

COMEDIE.

AZOR.

J'obéis, car je suis à vous.

EGLE'.

Elle obéit, venez donc tout à fait, afin d'être à moi de plus près. *il vient.* Ah ! la voilà, c'est vous, qu'elle est bien faite, en verité, vous êtes aussi belle que moi.

AZOR.

Je meurs de joye d'être auprès de vous, je me donne à vous, je ne sçai pas ce que je sens, je ne sçaurois le dire.

EGLE'.

Hé, c'est tout comme moi

AZOR.

Je suis heureux, je suis agité.

EGLE'.

Je soupire.

AZOR.

J'ai beau être auprès de vous, je ne vous vois pas encore assez.

EGLE'.

C'est ma pensée, mais on ne peut pas se voir davantage, car nous sommes là.

AZOR.

Mon cœur desire vos mains.

EGLE.

Tenez, le mien vous les donne; êtes vous plus contente.

AZOR.

Oui, mais non pas plus tranquille.

EGLE.

C'est ce qui m'arrive, nous nous ressemblons en tout.

AZOR.

Oh quelle différence, tout ce que je suis ne vaut pas vos yeux, ils sont si tendres.

EGLE.

Les vôtres si vifs.

AZOR.

Vous êtes si mignonne, si délicate.

EGLE.

Oui, mais je vous assure qu'il vous sied fort bien de ne l'être pas tant que moi, je ne voudrois pas que vous fussiez autrement, c'est une autre perfection, je ne nie pas la mienne, gardez-moi la vôtre.

AZOR.

Je n'en changerai point, je l'aurai toujours.

EGLE.

Ah, ça dites-moi, où étiez-vous quand je ne vous connoissois pas.

COMEDIE. 15

AZOR.

Dans un monde à moi où je ne retournerai plus, puisque vous n'en êtes pas, & que je veux toujours avoir vos mains ; ni moi ni ma bouche ne sçaurions plus nous passer d'elles.

EGLE'.

Ni mes mains se passer de votre bouche ; mais j'entends du bruit, ce sont des personnes de mon monde : de peur de les effrayer cachez-vous derriere les arbres, je vais vous rappeller.

AZOR.

Oui, mais je vous perdrai de vûe.

EGLE.

Non, vous n'avez qu'à regarder dans cette eau qui coule, mon visage y est, vous l'y verrez.

SCENE V.

MESROU, CARISE, EGLE'.

EGLE', *soupirant*.

AH! Je m'ennuye déja de son absence.

CARISE.

Eglé je vous retrouve inquiette, ce me

semble, qu'avez-vous ?

MESROU.

Elle a même les yeux plus attendris qu'à l'ordinaire.

EGLE.

C'est qu'il y a une grande nouvelle; vous croyez que nous ne sommes que trois, je vous avertis que nous sommes quatre; j'ai fait l'acquisition d'un objet qui me tenoit la main tout à l'heure.

CARISE.

Qui vous tenoit la main Eglé, eh que n'avez-vous appellé à votre secours.

EGLE.

Du secours contre quoi, contre le plaisir qu'il me faisoit; j'étois bien aise qu'il me la tînt, il me la tenoit par ma permission, il la baisoit tant qu'il pouvoit, & je ne l'aurai pas plutôt rappellé qu'il la baisera encore pour mon plaisir & pour le sien.

MESROU.

Je sçai qui c'est, je crois même l'avoir entrevu qui se retiroit, cet objet s'appelle un homme, c'est Azor, nous le connoissons.

COMEDIE. 17

EGLE'.

C'est Azor, le joli nom, le cher Azor, le cher homme; il va venir.

CARISE.

Je ne m'étonne point qu'il vous aime & que vous l'aimiez, vous êtes faits l'un pour l'autre.

EGLE'.

Justement, nous l'avons deviné de de nous même, (*elle l'appelle.*) Azor, mon Azor, venez vites, l'homme.

SCENE VI.

CARISE, EGLE', MESROU, AZOR.

AZOR.

EH! c'est Carise & Mesrou, ce sont mes amis.

EGLE', *gayement.*

Ils me l'ont dit, vous êtes fait exprès pour moi, moi faite exprès pour vous, ils me l'apprennent: voila pourquoi nous nous aimons tant, je suis votre Eglé, vous mon Azor.

MESROU.
L'un est l'homme & l'autre la femme.
AZOR.
Mon Eglé, mon charme, mes delices, & ma femme.
EGLE'.
Tenez, voila ma main, consolez-vous d'avoir été caché. *à Mesrou & à Carise.* Regardez, voila comme il faisoit tantôt, falloit-il appeller à mon secours ?
CARISE.
Mes enfans, je vous l'ai déja dit, votre destination naturelle est d'être charmés, l'un de l'autre.
EGLE', *le tenant par la main.*
Il n'y a rien de si clair.
CARISE.
Mais il y a une chose à observer, si vous voulez vous aimer toujours.
EGLE'.
Oui, je comprens, c'est d'être toujours ensemble.
CARISE.
Au contraire, c'est qu'il faut de tens en tems vous priver du plaisir de vous voir.
EGLE, *étonnée.*
Comment ?

COMEDIE.

AZOR, *étonné.*
Quoy ?

CARISE.
Oui, vous dis-je, sans quoi ce plaisir diminueroit, & vous deviendroit indifferent.

EGLE' *riant.*
Indifferent, indifferent, mon Azor, ha, ha, ha,... la plaisante pensée.

AZOR, *riant.*
Comme elle s'y entend.

MESROU.
N'en riez pas, elle vous donne un très-bon conseil, ce n'est qu'en pratiquant ce qu'elle vous dit là, & qu'en nous séparant quelquefois, que nous continuons de nous aimer, Carise & moi.

EGLE'.
Vraiment je le crois bien, cela peut vous être bon à vous autres qui êtes tous deux si noirs, & qui avez dûs vous enfuir de peur, la première fois que vous vous êtes vûs.

AZOR.
Tout ce que vous avez pû faire, c'est de vous supporter l'un & l'autre.

EGLE'.
Et vous seriez bientôt rebutez de vous

voir si vous ne vous quittiez jamais, car vous n'avez rien de beau à vous montrer; moi, qui vous aime, par exemple, quand je ne vous vois pas, je me passe de vous, je n'ai pas besoin de votre présence, pourquoi ? c'est que vous ne me charmez pas; au lieu que nous nous charmons Azor & moi, il est si beau, moi si admirable, si attrayante que nous nous ravissons en nous contemplant.

AZOR *prenant la main d'Eglé.*

La seule main d'Eglé, voyez vous, sa main seule, je souffre quand je ne la tiens pas, & quand je la tiens, je me meurs, si je ne la baise, & quand je l'ai baisée, je me meurs encore.

EGLE.

L'homme a raison, tout ce qu'il vous dit là je le sens; voilà pourtant où nous en sommes, & vous qui parlez de notre plaisir, vous ne sçavez pas ce que c'est, nous ne le comprenons pas nous qui le sentons, il est infini.

MESROU.

Nous ne vous proposons de vous séparer que deux ou trois heures seulement dans la journée.

COMEDIE.

EGLE.
Pas d'une minute.

MESROU.
Tampis.

EGLE.
Vous m'impatientez, Mesrou, est-ce qu'à force de nous voir nous deviendrons laids, cesserons nous d'être charmans.

CARISE.
Non, mais vous cesserez de sentir que vous l'êtes.

EGLE.
Hé, qu'est-ce qui nous empêchera de le sentir puisque nous le sommes.

AZOR.
Eglé sera toujours Eglé.

EGLE.
Azor toujours Azor.

MESROU.
J'en conviens, mais que sçais-t-on ce qui peut arriver? Supposons par exemple que je devinsse aussi aimable qu'Azor, que Carise devint aussi belle qu'Eglé.

EGLE.
Qu'est-ce que cela nous feroit?

CARISE.
Peut-être alors que rassasiez de vous

voir, vous seriez tentez de vous quitter tous deux pour nous aimer.

EGLE'.

Pourquoi tentez. Quitte-t'on ce qu'on aime, est-ce là raisonner ; Azor & moi nous nous aimons, voilà qui est fini, devenez beaux tant qu'il vous plaira, que nous importe, ce sera votre affaire, la notre est arrêtée.

AZOR.

Ils n'y comprendront jamais rien il faut être nous pour sçavoir ce qui en est.

MESROU.

Comme vous voudrez.

AZOR.

Mon amitié c'est ma vie.

EGLE'.

Entendez-vous ce qu'il dit, sa vie, comment me quitteroit-il, il faut bien qu'il vive & moi aussi

AZOR.

Oui, ma vie, comment est-il possible qu'on soit si belle, qu'on ait de si beaux regards, une si belle bouche, & tout si beau.

EGLE'.

J'aime tant qu'il m'admire.

COMEDIE.

MESROU.
Il est vrai qu'il vous adore.

AZOR.
Ah, que c'est bien dit, je l'adore, Mesrou me comprend, je vous adore.

EGLE' *soupirant.*
Adorez donc, mais donnez moi le tems de respirer ; ah !

CARISE.
Que de tendresse ! j'en suis enchanté moi-même, mais il n'y a qu'un moyen de la conserver, c'est de nous en croire, & si vous avez la sagesse de vous y déterminer, tenez Eglé, donné ceci à Azor, ce sera dequoi l'aider a suporter votre absence.

EGLE'. *prenant un portrait que Carise lui donne.*
Comment donc, je me reconnois, c'est encore moi, & bien mieux que dans les eaux du ruisseau, c'est toute ma beauté, c'est moi, quel plaisir de se trouver partout, regardez Azor, regardez mes charmes.

AZOR.
Ah ! c'est Eglé, c'est ma chere femme, la voila, sinon que la véritable est encore plus belle, *il baise le portrait.*

MESROU.
Dumoins cela la réprefente.

AZOR.
Oui cela la fait defirer, *il le baife encore.*

EGLE.
Je n'y trouve qu'un défaut. Quand il le baife, ma copie a tout.

AZOR, *prenant fa main qu'il baife.*
Oftons ce défaut là.

EGLE.
Ah ça, j'en veux autant pour m'amufer.

MESROU.
Choififfez de fon portrait ou du vôtre.

EGLE.
Je les retiens tous deux.

MESROU.
Oh, il faut opter, s'il vous plaît, je fuis bien aife d'en garder un.

EGLE.
Hé bien en ce cas là je n'ai que faire de vous pour avoir Azor, car j'ai déja fon portrait dans mon efprit, ainfi donnez moi le mien, je les aurai tous deux.

CARISE.
Le voila d'une autre maniere. Cela
s'appelle

s'appelle un Miroir, il n'y a qu'à presser
cet endroit pour l'ouvrir. Adieu, nous
reviendrons vous trouver dans quelque
tems, mais de grace songez aux petites
absences.

SCENE VII.

AZOR, EGLE'.

EGLE' *tâchant d'ouvrir la boëte.*

Voyons, je ne sçaurois l'ouvrir, es-
sayez Azor, c'est-là qu'elle a dit de
presser.

AZOR *l'ouvre & se regarde.*

Bon, ce n'est que moi je pense, c'est
ma mine que le ruisseau d'ici près m'a
montrée.

EGLE'.

Ha ha, que je voye donc, eh point du
tout cher homme, c'est plus moi que jamais, c'est réellement votre Eglé, la véritable, tenez approchez.

AZOR.

Eh oui c'est vous, attendez donc, c'est
nous deux, c'est moitié l'un & moitié l'au-

tre; j'aimerois mieux que ce fut vous toute seule, car je m'empêche de vous voir toute entiere.

E G L E'.

Ah, je suis bien aise d'y voir un peu de vous aussi, vous n'y gâtez rien, avancez encore, tenez vous bien.

A Z O R.

Nos visages vont se toucher, voilà qu'ils se touchent, quel bonheur pour le mien, quel raviffement.

E G L E'.

Je vous sens bien, & je le trouve bon.

A Z O R.

Si nos bouches s'approchoient. *Il lui prend un baiser.*

E G L E' *en se retournant.*

Oh, vous nous dérangez, à préfent je ne vois plus que moi, l'aimable invention qu'un miroir.

A Z O R *prenant le miroir d'Eglé.*

Ah! le portrait est aussi une excellente chose. *Il le baise.*

E G L E'.

Carife & Mesrou sont pourtant de bonnes gens.

A Z O R.

Ils ne veulent que notre bien, j'allois

COMEDIE. 27

vous parler d'eux & de ce conseil qu'ils nous ont donné.

EGLE'.

Sur ces abscences, n'est-ce pas, j'y rêvois aussi.

AZOR.

Oui mon Eglé, leur prédiction me fait quelque peur ; je n'aprehende rien de ma part, mais n'aillez pas vous ennuyer de moi au moins, je serois desesperé.

EGLE'.

Prenez garde à vous même, ne vous lassez pas de m'adorer, en vérité toutte belle que je suis, votre peur m'effraye aussi.

AZOR.

Ah, merveille, ce n'est pas à vous à trembler... à quoi rêvez-vous.

EGLE'.

Allons, allons, tout bien examiné mon parti est pris, donnons-nous du chagrin, séparons nous pour deux heures, j'aime encor mieux votre cœur & son adoration, que votre présence qui m'est pourtant bien douce.

AZOR.

Quoi nous quitter.

EGLÉ.

Ah, si vous ne me prenez pas au mot, tout à l'heure, je ne le voudrai plus.

AZOR.

Hélas, le courage me manque.

EGLÉ.

Tampis, je vous déclare que le mien se passe.

AZOR *pleurant*.

Adieu Eglé, puisqu'il le faut.

EGLÉ.

vous pleurez, oh bien restez donc pourvû qu'il n'y ait point de danger.

AZOR.

Mais s'il y en avoit.

EGLÉ.

Partez donc.

AZOR.

Je m'enfuis.

SCENE VIII.

EGLÉ *seule*.

AH ! il n'y est plus, je suis seule, je n'entends plus sa voix, il n'y a plus que le Miroir, *elle s'y regarde*, j'ai eu tort

COMEDIE. 29

de renvoyer mon homme, Carise & Mesrou ne sçavent ce qu'ils disent, *en se regardant*, si je m'étois mieux considerée, Azor ne seroit point parti. pour aimer toujours ce que je vois-là, il n'avoit pas besoin de l'absence.... Allons, je vais m'aller voir auprès du ruisseau, c'est encore un miroir de plus.

SCENE IX.

EGLE', ADINE *de loin*.

EGLE'.

Mais que vois-je, encore une autre personne.

ADINE.

Ha, ha, qu'est-ce que c'est que ce nouvel objet-ci, *elle avance*.

EGLE'.

Elle me considere avec attention, mais ne m'admire point, ce n'est pas là un Azor. *Elle se regarde dans son Miroir.* C'est encore moins un Eglé.... je crois pourtant qu'elle se compare.

ADINE.

Je ne sçais que penser de cette figure là, je ne sçais ce qui lui manque, elle a quelque chose d'insipide.

EGLE.

Elle est d'une espece qui ne me revient point.

ADINE.

A-t'elle un langage... Voyons... Etes vous une personne?

EGLE.

Oui assurement, & très-personne.

ADINE.

Eh bien, n'avez-vous rien à me dire.

EGLE.

Non, d'ordinaire on me prévient, c'est à moi qu'on parle.

ADINE.

Mais n'êtes-vous pas charmée de moi.

EGLE.

De vous, c'est moi qui charme les autres.

ADINE.

Quoi vous n'êtes pas bien aise de me voir.

EGLE.

Hélas ni bien aise ni fâchée, qu'est-ce que cela me fait.

ADINE.

Voilà qui est particulier, vous me considerez, je me montre, & vous ne sentez rien, c'est que vous regardez ailleurs; contemplez-moi un peu attentivement, là, comment me trouvez-vous.

EGLE'.

Mais qu'est-ce que c'est que vous, est-il question de vous. Je vous dis que c'est d'abord moi qu'on voit, moi qu'on informe de ce qu'on pense, voilà comme cela se pratique, & vous voulez que ce soit moi qui vous contemple pendant que je suis présente.

ADINE.

Sans doute c'est à la plus belle à attendre qu'on la remarque & qu'on s'étonne.

EGLE'.

Eh bien, étonnez-vous donc.

ADINE.

vous ne m'entendez donc pas, on vous dit que c'est à la plus belle à attendre.

EGLE.

On vous répond qu'elle attend.

ADINE.

Mais si ce n'est pas moi, où est-elle, je suis pourtant l'admiration des trois autres personnes qui habitent le monde.

EGLÉ.

Je ne connois pas vos personnes, mais je sçais qu'il y en a trois que je ravis & qui me traitent de merveille.

ADINE.

Et moi je sçais que je suis si belle, si belle que je me charme moi-même toutes les fois que je me regarde, voyez ce que c'est.

EGLÉ.

Que me contez-vous là, je ne me considere jamais que je ne sois enchantée moi qui vous parle.

ADINE.

Enchantée, il est vrai que vous êtes passable, & même assez gentille, je vous rends justice, je ne suis pas comme vous.

EGLÉ à part.

Je la battrois de bon cœur avec sa justice.

ADINE.

Mais de croire que vous pouvez entrer en dispute avec moi, c'est se mocquer, il n'y a qu'à voir.

EGLÉ.

Mais c'est aussi en voyant que je vous trouve assez laide.

COMEDIE.

ADINE.

Bon, c'est que vous me portez envie, & que vous vous empêchez de me trouver belle.

EGLÉ.

Il n'y a que votre visage qui m'en empêche.

ADINE.

Mon visage, oh, je n'en suis pas en peine car je l'ai vû, allez demander ce qu'il est aux eaux du ruisseau qui coulent, demandez-le à Mesrin qui m'adore.

EGLÉ.

Les eaux du ruisseau qui se mocquent de vous, m'apprendront qu'il n'y a rien de si beau que moi, & elles me l'ont déja appris, je ne sçais ce que c'est qu'un Mesrin, mais il ne vous regarderoit pas s'il me voyoit, j'ay un Azor qui vaut mieux que lui, un Azor que j'aime, qui est presque aussi admirable que moi & qui dit que je suis sa vie, vous n'êtes la vie de personne vous, & puis j'ai un Miroir qui acheve de me confirmer tout ce que mon Azor & le ruisseau assurent ; y a-t'il rien de plus fort.

ADINE *en riant*

Un Miroir ? vous avez aussi un miroir ?

B vj

eh ? à quoi vous sert-il, à vous regarder ;
ha, ha, ha.

EGLE'.

Ah, ah, ah.... n'ai-je pas deviné
qu'elle me deplairoit.

ADINE *en riant.*

Tenez en voilà un meilleur, venez apprendre à vous connoître & à vous taire.

CARISE *paroît dans l'éloignement.*

EGLE *ironiquement.*

Jettez les yeux sur celui-ci pour y sçavoir
votre médiocrité, & la modestie qui vous
est convenable avec moi.

ADINE.

Passez votre chemin : dès que vous re-
fusez de prendre du plaisir à me con-
siderer, vous ne m'êtes bonne à rien ;
je ne vous parle plus.

Elles ne se regardent plus.

EGLE'.

Et moi j'ignore que vous êtes-là. *Elles
s'écartent.*

ADINE *à part.*

Quelle folle.

COMEDIE.

EGLE' *à part.*

Quelle visionnaire, de quel monde vient-il sort-il ?

SCENE X.

CARISE, EGLE', ADINE.

CARISE.

Que faites-vous donc-là toutes deux éloignées l'une de l'autre, & sans vous parler.

ADINE *riant.*

C'est une nouvelle figure que j'ai rencontrée & que ma beauté désespere.

EGLE.

Que diriez-vous de ce fade objet, de cette ridicule espece de personne qui aspire à m'étonner, qui me demande ce que je sens en la voyant, qui veut que j'aye du plaisir à la voir, qui me dit : hé contemplez-moi donc, hé comment me trouvez-vous, & qui prétend être aussi belle que moi.

ADINE.

Je ne dis pas cela, je dis plus belle; comme cela se voit dans le miroir.

EGLE' *montrant le sien.*

Mais qu'elle se voye donc dans celui-ci, si elle ose.

ADINE.

Je ne lui demande qu'un coup d'œil dans le mien qui est le véritable.

CARISE.

Doucement, ne vous emportez-point; profitez plûtôt du hazard qui vous a fait faire connoissance ensemble ; unissons-nous tous, devenez compagnes, & joignez l'agrément de vous voir à la douceur d'être toutes deux adorées, Eglé par l'aimable Azor qu'elle chérit, Adine par l'aimable Mesrin qu'elle aime, allons, racommodez vous.

EGLE'.

Qu'elle se défasse donc de sa vision de beauté qui m'ennuye.

ADINE.

Tenez, je sçais le moyen de lui faire entendre raison, je n'ai qu'à lui ôter son Azor dont je ne me soucie pas, mais rien que pour avoir la paix.

EGLE' *fâchée*.

Où est son imbecile Mesrin, malheur à elle si je le rencontre, Adieu, je m'écarte car je ne sçaurois la souffrir.

ADINE.

Ha, ha, ha... mon merite est son aversion.

EGLE'. *se retournant*.

Ha, ha, ha, quelle grimace.

SCENE XI.
ADINE, CARISE.

CARISE.

Allons laissez la dire.

ADINE.

Vraiment bien entendu, elle me fait pitié.

CARISE.

Sortons d'ici, voilà l'heure de votre leçon

38 LA DISPUTE,

de musique, je ne pourrai pas vous la donner si vous tardez.

ADINE.

Je vous suis, mais j'apperçois Mesrin ; je n'ai qu'un mot à lui dire.

CARISE.

Vous venez de le quitter.

ADINE.

Je ne serai qu'un moment en passant.

SCENE XII.

MESRIN, CARISE, ADINE.

ADINE *appelle.*

Mesrin.

MESRIN *accourant.*

Quoi, c'est vous, c'est mon Adine qui est revenue ; que j'ai de joye, que j'étois impatient.

ADINE.

Eh non, remetez votre joye, je ne suis pas revenue, je m'en retourne, ce n'est que par hazard que je suis ici.

MESRIN.

Il falloit donc y être avec moi par hazard.

COMEDIE.

ADINE.
Ecoutés, écoutés, ce qui vient de m'arriver.

CARISE.
Abrégez, car j'ai autre chose à faire.

ADINE.
J'ai fait (*à Mesrin*) je suis belle, n'est-ce pas ?

MESRIN.
Belle, si vous êtes belle.

ADINE.
Il n'hesite pas lui, il dit ce qu'il voit.

MESRIN.
Si vous êtes divine, la Beauté même.

ADINE.
Eh, oüi, je n'en doute pas, & cependant vous, Carise & moi, nous nous trompons, je suis laide.

MESRIN.
Mon Adine.

ADINE.
Elle-même, en vous quittant, j'ai trouvé une nouvelle personne qui est d'un autre monde, & qui au lieu d'être étonnée de moi, d'être transportée comme vous l'êtes, & comme elle devroit l'être, vou-

loit au contraire que je fusse charmée d'elle, & sur le refus que j'en ai fait m'a accusée d'être laide.

MESRIN.

Vous me mettez d'une colere.

ADINE.

M'a soutenu que vous me quitteriez quand vous l'auriez vûë.

CARISE.

C'est qu'elle étoit fâchée.

MESRIN.

Mais, est-ce bien une personne?

ADINE.

Elle dit que oüi, & elle en paroît une, à peu près.

CARISE.

C'en est une aussi.

ADINE.

Elle reviendra, sans doute, & je veux absolument que vous la méprisiez, quand vous la trouverez, je veux qu'elle vous fasse peur.

MESRIN.

Elle doit être horrible.

ADINE.

Elle s'appelle..., attendez, elle s'appelle...

COMEDIE.

Carise.
Eglé.
ADINE.

Oüi, c'est une Eglé : voici à présent comme elle est faite : c'est un visage fâché, renfrogné qui n'est pas noir comme celui de Carise, qui n'est pas blanc comme le mien non plus, c'est une couleur qu'on ne peut pas bien dire.

MESRIN.

Et qui ne plaît pas.

ADINE.

Oh, point du tout, couleur indifférente, elle a des yeux ; comment vous dirais-je, des yeux qui ne font pas plaisir, qui regardent, voilà tout, une bouche ni grande ni petite, une bouche qui lui sert à parler, une figure toute droite, toute droite, & qui seroit pourtant à peu près comme la nôtre si elle étoit bien faite, qui a des mains qui vont & qui viennent, des doigts longs & maigres, je pense avec une voix rude & aigre, oh vous la reconnoîtrez bien.

MESRIN.

Il me semble que je la vois, laissez moi

faire, il faut la renvoyer dans un autre monde, après que je l'aurai bien mortifié.

ADINE.
Bien humiliée, bien défolée.

MESRIN.
Et bien moquée, oh ne vous embarrassés pas, & donnez-moi cette main.

ADINE.
Eh prenez-là, c'est pour vous que je l'ai.

MESRIN *baise sa main.*
CARISE.
Allons, tout est dit, partons.

ADINE.
Quand il aura achevé de baiser ma main.

CARISE *lui ôtant la main.*
Laissez-là donc Mesrin, je suis pressée.

ADINE.
Adieu tout ce que j'aime, je ne serai pas long-tems, songez à ma vengeance.

MESRIN.
Adieu tout mon charme, je suis furieux.

SCENE XIII.

MESRIN, AZOR.

MESRIN, *les premiers mots seul répétant le portrait.*

Une couleur ni noire ni blanche, une figure toute droite, une bouche qui parle... où pourrois je la trouver, (*voyant Azor*) mais j'apperçois quelqu'un, c'est une personne comme moi, seroit-ce Eglé, non, car elle n'est point difforme.

AZOR *le considérant.*

Vous êtes pareille à moi, ce me semble.

MESRIN.

C'est ce que je pensois.

AZOR.

Vous êtes donc un homme.

MESRIN.

On m'a dit que ouy.

AZOR.

On m'en a dit de moi tout autant.

MESRIN.

On vous a dit: est-ce que vous connoissez des personnes?

LA DISPUTE.

AZOR.
Oh ouy, je les connois toutes, deux noires & une blanche.

MESRIN.
Moi, c'est la même chose, d'où venez-vous ?

AZOR.
Du monde.

MESRIN.
Est-ce du mien ?

AZOR.
Ah, je n'en sçai rien, car il y en tant,

MESRIN.
Qu'importe, votre mine me convient, mettez votre main dans la mienne, il faut nous aimer.

AZOR.
Ouy-dà, vous me réjouissez, je me plais à vous voir, sans que vous ayez de charmes.

MESRIN.
Ni vous non plus, je ne me soucie pas de vous, sinon que vous êtes bonhomme.

AZOR.

Voilà ce que c'est, je vous trouve de même, un bon camarade, moi un autre bon camarade, je me mocque du visage.

MESRIN.

Eh, quoi donc, c'est par la bonne humeur que je vous regarde; à propos, prenez-vous vos repas?

AZOR.

Tous les jours.

MESRIN.

Eh bien, je les prens aussi, prenons-les ensemble pour notre divertissement; afin de nous tenir gaillards, allons, ce sera pour tantôt, nous rirons, nous sauterons: n'est-il pas vrai, j'en saute déja.

Il saute.

AZOR. *Il saute aussi.*

Moi de même, & nous serons deux, peut-être quatre, car je le diray à ma blanche qui a un visage: il faut voir, ah ah, c'est elle qui en a un qui vaut mieux que nous deux.

MESRIN.

Oh, je le crois, camarade, car vous n'êtes rien du tout, ni moi non plus auprès d'un autre mine que je connois; que nous mettrons avec nous, qui me transporte, & qui a des mains si douces, si blanches, qu'elle me laisse tant baiser.

AZOR.

Des mains, camarades est-ce que ma blanche n'en a pas aussi qui sont célestes; & que je caresse tant qu'il me plaît, je les attens.

MESRIN.

Tant mieux, je viens de quitter les miennes, & il faut que je vous quitte aussi pour une petite affaire, restez ici jusqu'à ce que je revienne avec mon Adine, & sautons encore pour nous réjouir de l'heureuse rencontre, *ils sautent tous deux en riant*, ha, ha, ha.

SCENE XIV.

AZOR, MESRIN, EGLE'.

EGLE', *s'approchant*.

Qu'est-ce que c'est que cela qui plaît tant.

MESRIN *la voyant*.

Ah le bel objet qui nous écoute.

AZOR.

C'est ma blanche, c'est Eglé.

MESRIN *à part.*

Eglé, c'est-là ce visage fâché.

AZOR.

Ah que je suis heureux.

EGLE' *s'approchant.*

C'est donc une nouvelle amie qui nous a apparue tout d'un coup.

AZOR.

Oui c'est un camarade que j'ai fait, qui s'appelle homme, & qu arrive d'un monde ici près.

MESRIN.

Ah qu'on a de plaisir dans celui-ci.

EGLE'.

En avez vous plus que dans le vôtre.

MESRIN.

Oh je vous assure.

EGLE'.

Eh bien l'homme, il n'y a qu'à y rester.

AZOR.

C'est ce que nous disions, car il est tout à fait bon & joyeux, je l'aime, non pas comme j'aime ma ravissante Eglé que j'adore, au lieu qu'à lui je n'y prens seulement pas garde, il n'y a que sa compagnie que je cherche pour parler de vous, de votre bouche de vos yeux, de vos mains, après qui je languissois, *il lui baise une main.*

MESRIN *lui prend l'autre main.*

Je vais donc prendre l'autre, *il baise cette main, Eglé rit & ne dit mot.*

AZOR *lui reprenant cette main.*

Oh doucement, ce n'est pas ici votre blanche, c'est la mienne, ces deux mains sont à moi, vous n'y avez rien.

EGLE'.

Ah, il n'y a pas de mal; mais à propos, allez-vous en Azor, vous sçavez bien que l'absence est nécessaire, & il n'y a pas assez long-tems que la nôtre dure.

AZOR.

Comment il y a je ne sçais combien d'heures que je ne vous ai vûe.

EGLE.

Vous vous trompez, il n'y a pas assez long-tems, vous dis-je, je sçais bien compter, & ce que j'ai résolu je veux le tenir.

AZOR.

Mais vous allez rester seule.

EGLE.

COMEDIE.

EGLE.

Eh bien, je m'en contenterai.

MESRIN.

Ne la chagrinez pas camarade.

AZOR.

Je crois que vous vous fâchez contre moi.

EGLE'.

Pourquoi m'obſtinez-vous, ne vous a-t'on pas dit qu'il ny a rien de ſi dangereux que de nous voir.

AZOR.

Ce n'eſt peut-être pas la vérité.

EGLE'.

Et moi je me doute que ce n'eſt pas un menſonge. *Cariſe paroit ici dans l'éloignement & écoute.*

AZOR.

Je pars donc pour vous complaire, mais je ſerai bientôt de retour, allons, camarade, qui avez affaire, venez avec moi pour m'aider à paſſer le tems.

MESRIN.

Oui, mais....

EGLE', *ſouriant.*

Quoi.

LA DISPUTE,

MESRIN.
C'est qu'il y a long-tems que je me promene.

EGLE'.
Il faut qu'il se repose.

MESRIN.
Et j'aurois empêché que la belle femme ne s'ennuye.

EGLE.
Oui, il empêcheroit.

AZOR.
N'a-t'elle pas dit qu'elle vouloit être seule, sans cela je la desennuirois encore mieux que vous. Partons.

EGLE', *à part & de dépit.*
Partons.

SCENE XV.
CARISE, EGLE'.

CARISE *approche & regarde Eglé qui rêve.*

A Quoi rêvez-vous donc?

EGLE'.
Je rêve que je ne suis pas de bonne humeur.

COMEDIE.

CARISE.
Avez-vous du chagrin.

EGLE'.
Ce n'est pas du chagrin non plus, c'est de l'embarras d'esprit.

CARISE.
D'où vous vient-il ?

EGLE'.
Vous nous disiez tantôt qu'en fait d'amitié on ne sçait ce qui peut arriver.

CARISE.
Il est vrai.

EGLE'.
Eh bien je ne sçais ce qui m'arrive.

CARISE.
Mais qu'avez-vous ?

EGLE'.
Il me semble que je suis fâchée contre moi, que je suis fâchée contre Azor, je ne sçai à qui j'en ai.

CARISE.
Pourquoi fâchée contre vous.

EGLE'.
C'est que j'ai dessein d'aimer toujours Azor, & j'ai peur d'y manquer.

CARISE.

Seroit-il possible?

EGLE.

Oui, j'en veux à Azor, parce que ses manieres en sont causes.

CARISE.

Je soupçonne que vous lui cherchez querelle.

EGLE.

Vous n'avez qu'à me répondre toujours de même, je serai bientôt fâchée contre vous aussi.

CARISE

Vous êtes en effet de bien mauvaise humeur, mais que vous a fait Azor?

EGLE.

Ce qu'il m'a fait, nous convenons de nous séparer, il part & il revient sur le champ, il voudroit toujours être là; à la fin ce que vous lui avez predit lui arrivera.

CARISE.

Quoi, que vous cesserez de l'aimer.

EGLE.

Sans doute; si le plaisir de se voir s'en va quand on le prend trop souvent, est-ce ma faute à moi?

COMEDIE.

CARISE.
Vous nous avez soutenu que cela ne se pouvoit pas.

EGLE'.
Ne me chicanez donc pas ; que sçavois-je, je l'ai soutenu par ignorance.

CARISE.
Eglé, ce ne peut pas être son trop d'empressement à vous voir qui lui nuit auprès de vous, il n'y a pas assez long-tems que vous le connoissez.

EGLE'.
Pas mal de tems, nous avons déja eu trois conversations ensemble, & apparemment que la longueur des entretiens est contraire.

CARISE.
Vous ne dites pas son véritable tort, encore une fois.

EGLE'.
Oh il en a encore un & même deux, il en a je ne sçais combien, premierement, il m'a contrariée, car mes mains sont à moi je pense, elles m'appartiennent, & il défend qu'on les baise.

CARISE.
Et qui est-ce qui a voulu les baiser.

EGLÉ.

Un camarade qu'il a découvert tout nouvellement, & qui s'appelle homme.

CARISE.

Et qui est aimable.

EGLÉ.

Oh, charmant, plus doux qu'Azor & qui proposoit aussi de demeurer pour me tenir compagnie, & ce fantasque d'Azor ne lui a permis ni la main ni la compagnie, l'a querellé, & l'a emmené brusquement, sans consulter mon désir : ha ha, je ne suis donc pas ma Maîtresse, il ne se fie donc pas à moi, il a donc peur qu'on ne m'aime.

CARISE.

Non, mais il a craint que son camarade ne vous plût.

EGLÉ.

Eh bien il n'a qu'à me plaire davantage, car à l'égard d'être aimée, je suis bien aise de l'être, je le déclare, & au lieu d'un camarade en eut-il cent, je voudrois qu'ils m'aimassent tous, c'est mon plaisir ; il veut que ma beauté soit pour lui tout seul, & moi je prétens qu'elle soit pour tout le monde.

COMEDIE.

CARISE.
Tenez, votre dégoût pour Azor ne vient pas de tout ce que vous dites là, mais de ce que vous aimez mieux à présent son camarade que lui.

EGLE'.
Croyez-vous, vous pouriez bien avoir raison.

CARISE.
Eh dites-moi ne rougissez vous pas un peu de votre inconstance.

EGLE'.
Il me paroît que oui, mon accident me fait honte, j'ai encore cette ignorance-là.

CARISE.
Ce n'en est pas une, vous aviez tant promis de l'aimer constamment.

EGLE'.
Attendez, quand je l'ai promis, il n'y avoit que lui, il falloit donc qu'il resta seul, le camarade n'étoit pas de mon compte.

CARISE.
Avouez que ces raisons là ne sont point bonnes, vous les aviez tantôt réfutées d'avance.

EGLE'.

Il est vrai que je ne les estime pas beaucoup; il y en a pourtant une excellente, c'est que le camarade vaut mieux qu'Azor.

CARISE.

Vous vous méprenez encore là-dessus, ce n'est pas qu'il vaille mieux, c'est qu'il a l'avantage d'être nouveau venu.

EGLE'.

Mais cet avantage là est considerable, n'est-ce rien que d'être nouveau venu? n'est-ce rien que d'être un autre? cela est fort joli au moins, ce sont des perfections qu'Azor n'a pas.

CARISE.

Ajoutez que ce nouveau venu vous aimera.

EGLE'.

Justement, il m'aimera je l'espere, il a encore cette qualité là.

CARISE.

Au lieu qu'Azor n'en est pas à vous aimer.

EGLE'.

Eh non, car il m'aime déja.

CARISE.

Quels étranges motifs de changement!

je gagerois bien que vous n'en êtes pas contente.

EGLE'.

Je ne suis contente de rien, d'un côté le changement me fait peine, de l'autre il me fait plaisir, je ne puis pas plus empêcher l'un que l'autre; ils sont tous deux de conséquence; auquel des deux suis-je le le plus obligée; faut-il me faire de la peine? faut-il me faire du plaisir (je vous défie de le dire.

CARISE.

Consultés votre bon cœur, vous sentirez qu'il condamne votre inconstance.

EGLE'.

Vous n'écoutez donc pas ; mon bon cœur le condamne, mon bon cœur l'approuve, il dit oui, il dit non, il est de deux avis, il n'y a donc qu'à choisir le plus commode.

CARISE.

Sçavez-vous le parti qu'il faut prendre; c'est de fuir le camarade d'Azor, allons, venez, vous n'aurez pas la peine de combattre.

EGLE' *voyant venir Mesrin*.

Oui, mais nous fuyons bien-tard;

voilà le combat qui vient, le camarade arrive.

CARISE.

N'importe, efforcez-vous, courage; ne le regardez pas.

SCENE XVI.

MESROU *de loin voulant retenir Mesrin qui se dégage.*
EGLE', CARISE.

MESROU.

Il s'échape de moi, il veut être inconstant, empêchez-le d'approcher.

CARISE *à Mesrin.*

N'avancez pas?

MESRIN.

Pourquoi?

CARISE.

C'est que je vous le défens; Mesrou & moi nous devons avoir quelqu'autorité sur vous, nous sommes vos Maîtres.

MESRIN *se révoltant.*

Mes Maîtres, qu'est-ce que c'est qu'un maître?

COMEDIE. 59

CARISE.

Eh bien, je ne vous le commande plus, je vous en prie & la belle Eglé joint sa priere à la mienne.

EGLE'.

Moi, point du tout, je ne joint point de priere.

CARISE à Eglé à part.

Retirons-nous, vous n'êtes pas encore sûre qu'il vous aime.

EGLE'.

Oh! je n'espere pas le contraire, il n'y a qu'à lui demander ce qui en est. Que souhaitez-vous le joli camarade.

MESRIN.

Vous voir, vous contempler, vous admirer, vous appeller mon ame.

EGLE'.

Vous voyez bien qu'il parle de son ame; est-ce que vous m'aimez ?

MESRIN.

Comme un perdu.

EGLE'.

Ne l'avois-je pas bien dit.

MESRIN.

M'aimés vous aussi ?

EGLE.

Je voudrois bien m'en dispenser si je le pouvois, à cause d'Azor qui compte sur moi.

MESROU.

Mesrin imitez Eglé, ne soyez point infidele.

EGLE.

Mesrin, l'Homme s'appelle Mesrin.

MESRIN.

Eh, oui.

EGLE.

L'ami d'Adine.

MESRIN.

C'est moi qui l'étois, & qui n'ai plus besoin de son Portrait.

EGLE *le prend.*

Son portrait, & l'ami d'Adine, il a encore ce merite-la; ah ah, Carise, voila trop de qualités, il n'y a pas moyen de résister : Mesrin, venez que je vous aime.

MESRIN.

Ah, délicieuse main que je possede.

EGLE.

L'incomparable ami que je gagne.

MESROU.

COMEDIE.

MESROU.
Pourquoi quitter Adine, avez-vous à vous plaindre d'elle.

MESRIN.
Non, c'est ce beau visage là qui veut que je la laisse.

EGLÉ.
C'est qu'il a des yeux, voila tout.

MESRIN.
Oh pour infidéle je le suis, mais je n'y sçaurois que faire.

EGLÉ.
Oui, je l'y contrains, nous nous contraignons tous deux.

CARISE.
Azor & elle vont être au desespoir.

MESRIN.
Tampis.

EGLÉ.
Quel remede ?

CARISE.
Si vous voulez, je sçais le moyen de faire cesser leur affliction avec leur tendresse.

MESRIN.
Eh bien faites.

EGLE.

Eh non je ferai bien aise qu'Azor me regrette moi ; ma beauté le mérite, il n'y a pas de mal aussi qu'Adine soupire un peu pour lui apprendre à se méconnoître.

SCENE XVII.

MESRIN, EGLE', CARISE, AZOR, MESROU

MESROU.

Voici Azor.

MESRIN.

Le camarade m'embarrasse, il va être bien étonné.

CARISE.

A sa contenance, on diroit qu'il devine le tort que vous lui faites.

EGLE'.

Oui, il est triste, ah, il y a bien dequoi

AZOR s'avance honteux.

continue.

Êtes-vous bien fâché Azor.

AZOR.

Oui, Eglé.

COMEDIE. 63

EGLÉ.
Beaucoup.
AZOR.
Assurément.
EGLÉ.
Il y paroît, eh comment sçavez-vous que j'aime Mesrin.
AZOR *étonné*.
Comment.
MESRIN.
Oui, Camarade.
AZOR.
Eglé vous aime, elle ne se soucie plus de moi.
EGLÉ.
Il est vrai.
AZOR, *gay*.
Eh tant mieux, continuez, je ne me soucie plus de vous non plus, attendez-moi, je reviens.
EGLÉ.
Arrêtez-donc, que voulez vous dire, vous ne m'aimez plus, qu'est-ce que cela signifie ?
AZOR, *en s'en allant*.
Tout à l'heure, vous sçaurez le reste.

D ij

SCENE XVIII.
MESROU, CARISE, EGLÉ, MESRIN.

MESRIN.

Vous le rappellez je pense, eh d'où vient, qu'avez-vous affaire à lui, puisque vous m'aimez.

EGLÉ.

Eh laissez-moi faire, je ne vous en aimerez que mieux, si je puis le ravoir, c'est seulement que je ne veux rien perdre.

CARISE & MESROU, *riants*.

Hé, hé, hé, hé.

EGLÉ.

Le beau sujet de rire.

SCENE XIX.
MESROU, CARISE, EGLÉ, MESRIN, ADINE.

ADINE, *en riant*.

Bon jour, la belle Eglé, quand vous voudrez vous voir adressez-vous à moi,

COMEDIE.

j'ai votre portrait, on me l'a cédé.

EGLE', *lui jettant le sien.*

Tenez, je vous rends le votre, qui ne vaut pas la peine que je le garde.

ADINE.

Comment, Mesrin, mon portrait, & comment l'a-t-elle.

MESRIN.

C'est que je l'ai donné.

EGLE'.

Allons, Azor, venez que je vous parle

MESRIN.

Que vous lui parliez. Et moi.

ADINE.

Passez ici Mesrin, que faites vous-là, vous extravaguez je pense.

SCENE DERNIERE.

MESROU, CARISE, EGLE', MESRIN, LE PRINCE, HERMIANNE, ADINE, MESLIS, DINA.

HERMIANNE *entrant avec vivacité.*

Non, laissez - moi, Prince ; je n'en veux pas voir d'avantage; cette Adine & cette Eglé me sont insuportables, il faut que le sort soit tombé sur ce qu'il y aura jamais de plus haïssable parmi mon sexe.

EGLE'.

Qu'est-ce que c'est que toutes ces figures-là, qui arrivent en grondant, je me sauve. *Ils veulent tous fuir.*

CARISE.

Demeurez tous, n'ayez point de peur, voici de nouveaux camarades qui viennent, ne les épouvantez point & voyons ce qu'ils pensent.

MELIS *s'arrétant au milieu du Theâtre.*

Ah ! chere Dina que de personnes

DINA.

Oui, mais nous n'avons que faire d'elles.

COMEDIE.

MELIS.

Sans doute, il n'y en a pas une qui vous ressemble. Ah c'est vous Carise & Mesrou, tout cela est-il hommes ou femmes.

CARISE.

Il y a autant de femmes que d'hommes, voila les unes & voici les autres; voyez Melis, si parmi les femmes vous n'en verriez pas quelqu'unes qui vous plairoit encore plus que Dina, on vous la donneroit.

EGLE'.

J'aimerois bien son amitié.

MELIS.

Ne l'aimez point, car vous ne l'aurez pas.

CARISE.

Choisissez en une autre.

MELIS.

Je vous remercie, elles ne me déplaisent point, mais je ne me soucie pas d'elles il n'y a qu'une Dina dans le monde.

DINA, *jettant son bras sur le sien.*

Que c'est bien dit.

CARISE.

Et vous, Dina, examinez.

DINA *le prenant par dessous le bras.*

Tout est vû, allons nous-en.

HERMIANNE.

L'aimable enfant, je me charge de sa fortune.

LE PRINCE.

Et moi de celle de Melis.

DINA.

Nous avons assez de nous deux.

LE PRINCE.

On ne vous séparera pas, allez, Carise, qu'on les mettes à part, & qu'on place les autres suivant mes ordres. *Et à Hermianne.* Les deux sexes n'ont rien à se reprocher, Madame, Vices & Vertus, tout est égal entr'eux.

HERMIANNE.

Ah, je vous prie, mettez-y quelque différence, votre sexe est d'une perfidie horrible, il change à propos de rien sans chercher même de prétexte.

LE PRINCE.

Je l'avoue, le procedé du votre est du moins plus hypocrite, & par là plus décent, il fait plus de façon avec sa conscience que le notre.

HERMIANNE.

Croyez-moi, nous n'avons pas lieu de plaisanter. Partons.

FIN.

CATALOGUE

Des Piéces de Théâtre qui se trouvent chez le même Libraire.

Pamela en France, ou la Vertu mieux éprouvée, *en trois actes.*
La Fête d'Auteuil ou la Fausse méprise, *en trois actes.*
Le Sage étourdi, *en trois actes.*
La Folie du jour, *en un acte.*
Le Médecin par occasion, *en cinq actes.*
Le Plagiaire, *en trois actes.*
La Famille, *en un acte.*
Les Acteurs déplacés, *en un acte.*
La Coquette fixée, *en trois actes.*
Le Roman, *en trois actes.*
La Dispute, *en un acte.*
Le Préjugé vaincu, *en un acte.*
Le Prince de Suresne, *en un acte.*
Alzayde, *Tragedie*, en cinq actes.

Le Fleuve Scamandre,
Les Effets du hazard,
La Nymphe des Thuilleries, } *Opera Comiques en un Acte.*
L'Amour imprévu,
Le Magazin des Modernes,

La Boucle de Cheveux enlevée, Poëme Heroï-Comique, composé en Anglois par M. Pope, & nouvellement traduit en Vers Francois.

APROBATION.

J'Ay lû par ordre de Monseigneur le Chancelier une Comedie de M. de Marivaux, qui a pour titre la Dispute, & j'ai cru qu'on pouvoit en permettre l'impression. A Paris le 25. Octobre 1746. *signé,* MAUNOIR.

PRIVILEGE DU ROY.

LOUIS par la grace de Dieu, Roi de France & de Navarre: A nos amez & feaux Conseillers, les gens tenans nos Cours de Parlement, Maîtres des Requêtes ordinaires de notre Hôtel, Grand Conseil, Prevôt de Paris, Baillifs, Sénéchaux, leurs Lieutenans Civils, & autres nos Justiciers qu'il appartiendra: Salut. Notre amé JACQUES CLOUSIER, Libraire à Paris, nous a fait exposer qu'il désireroit faire imprimer & donner au Public deux Comedies, qui ont pour titre, l'une, *le Préjugé vaincu,* & l'autre *la Dispute,* s'il Nous plaisoit lui accorder nos Lettres de Permission pour ce nécessaires, A CES CAUSES, voulant favorablement traiter l'Exposant, Nous lui avons permis & permettons par ces Presentes de faire imprimer lesdites Comedies en un ou plusieurs volumes, & autant de fois que bon lui semblera, & de les vendre; faire vendre & débiter par tout notre Royaume, pendant le temps de trois années consécutives, à compter du jour de la date des Présentes. Faisons défenses à tous Libraires, Imprimeurs & autres personnes de quelque qualité & condition qu'elles soient, d'en introduire d'impression étrangere dans aucun lieu de notre obéissance; A la charge que ces Présentes seront enregistrées tout au long sur le Registre de la Communauté des Libraires & Imprimeurs de Paris, dans trois mois de la datte d'icelle, que l'impression desdites Comedies sera faite dans notre Royaume & non ailleurs, en bon papier & beaux caracteres, conformément à la feuille imprimée, attachée pour modéle sous le contre scel des Présentes, que l'Impétrant se conformera en tout aux Reglemens de la Librairie, & notamment à celui du 10 Avril 1725. qu'avant de les exposer en vente, les Manuscrits qui auront servi de copie à l'impression desdites Comedies seront remis dans le même état où l'approbation y aura été donné ès mains de notre très-cher & féal le Chevalier le Sieur Daguesseau, Chancelier de France, Commandeur de nos Ordres, & qu'il en sera ensuite remis deux exemplaires de chacune dans notre Bibliotèque Publique, un dans celle de notre Château du Louvre, & un dans celle de notredit très-cher & féal Chevalier le sieur Daguesseau, Chancelier de France, le tout à peine de nullité des présentes, du contenu desquelles vous mandons & enjoignons de faire jouir ledit exposant & ses ayant causes pleinement & paisiblement, sans souffrir qu'il leur soit fait au cun trouble ou empêchement. Voulons qu'à la copie des Présentes qui sera imprimée tout au long au commencement ou à la fin desdites Comedies foi soit ajoutée comme à l'original. Commandons au premier notre Huissier ou sergent sur ce requis de faire pour l'exécution d'icelles tous actes requis & nécessaires, sans demander d'autre permission, & nonobstant clameur de haro, charte Normande, & Lettres à ce contraire; CAR tel est notre plaisir. Donné à Versailles le vingt-troisième jour du mois de Décembre, l'an de grace mil sept cens quarente-six, & de notre Regne le trente-deuxième. Par le Roi en son Conseil.

Signé SAINSON.

Regiſtré ſur le Regiſtre de la Communauté Royale & Syndicale des Libraires & Imprimeurs de Paris, No. Fol. conformément aux anciens Reglemens confirmés par celui du 28 Février 1743. A Paris le Janvier 1747.
Signé G. CAVELIER, pere, *Syndic.*